C D B !

BY WILLIAM STEIG

PAPERBACKS

WINDMILL BOOKS and E. P. DUTTON

New York

To Lizzie, Lewis, and Maggie

THE WINDMILL
PAPERBACK LIBRARY

LUDWIG THE DOG WHO
SNORED SYMPHONIES
$1.25

LEO
THE LATE BLOOMER
$1.25

BUNYA THE WITCH
$1.25

DADDY LONG EARS
95¢

THE KING WHO RAINED
$1.25

THE TAIL
WHO WAGGED THE DOG
95¢

SHAGGY FUR FACE
$1.25

HOW SPIDER
SAVED CHRISTMAS
95¢

SYLVESTER AND
THE MAGIC PEBBLE
$1.25

CDB!
95¢

JUNIOR
THE SPOILED CAT
95¢

"COLLECT THEM ALL"

C D B !

D B S A B-Z B.

O, S N-D !

I N-V U.

R U C-P ?

S, I M.

I M 2.

A P-N-E 4 U.

K-T S X-M-N-N D N-6.

D N S 5 X.

I M 2 O-L 4 U.

O U Q-T. U R A B-U-T

I M B-4 U.

R U O K ?

S, N-Q.

I M A U-M B-N.

U R N N-M-L.

D C-L S N D C.

D D-R S N D I-V.

D L-F-N 8 D A.

S E-Z 4 U. S ?

B-4 U X-M-N L-C,
X-M-N R-V.

H-U !

Y R U Y-N-N?

I N O.

I C U.

S N-E-1 N ?

.-X-&-R N I

R N D C-T.

K-T S D-Z.

I C Y.

I 8 U !

I 8 U 2 !

F U R B-Z,

I-L 1 O-A.

L-C S N X-T-C.

ESD14U2C.

I M N D L-F-8-R.

M N X S L-T 4 U !

I M C-N A G-P-C.

N-R-E S
N T-S.

I M N A T-P.

P-T N J R N J-L.

O 4 A 2-L.

E-R S A M-R.

S M-T !

I F-N N-E N-R-G.

P-T S N N-M-E.

I O U 5 X.

O, I C M. N Q.

D Y-N S X-L-N !

O-L H.

I O U A J.

I M N N-D-N.

O, I C.

U 8 L D X !